Dormir con aguacero

....

Xinia Marie Estrada

Obsidiana Press

Xinia Marie Estrada

Xinia M. Estrada

DORMIR CON AGUACERO

Obsidiana Press

www.obsidianapress.net

Dibujos interiores: *Patrick Monge*

ISBN 978-1-948114-21-9

Printed in the United States of America.
Impreso en los Estados Unidos de América.

Obsidiana Press
www.obsidianapress.net

e-mail:
obsidianapress@aol.com

AMAR A PLENITUD Y NADAR CONTRA CORRIENTE EN EL RÍO INVERTIDO DE LA VIDA: PRIVILEGIO DE POCOS.

Cómo escribir sobre un poema, sobre un libro de poemas... El poema está solo. Escrito e impreso, a solas en su página con el lector. Solitario como si hubiera sido escrito en una hoja otoñal, que cae del árbol en manos de un paseante distraído.

El encuentro entre el poema y su lector o lectora es un momento mágico e irrepetible. Ni siquiera un lector encontrará el mismo poema en una segunda lectura. No será el mismo, como si del río de Heráclito se tratara, siempre fluyendo en sus múltiples significados.

Entonces, ¿con qué derecho las palabras de un prólogo podrían privilegiar una sola lectura, una lectura ajena? Por eso, para empezar, prefiero referirme a la autora de estos poemas, Xinia Marie Estrada.

Lo primero que conocí de Xinia fue un cuento, una breve historia sobre una joven en busca de trabajo; texto que despertó en mí ecos de pasadas lecturas de Clarice Lispector y Darío Fo. De inmediato me di a la tarea de buscar a la autora para incluir su cuento en la Antología de narradoras costarricenses que estaba preparando . No fue fácil, porque Xinia, elusiva, ya no vivía en Costa Rica sino en Estados Unidos. Finalmente la encontré y aceptó gustosa que incluyera su relato en la antología.

Gracias a los insospechados caminos que ha abierto la tecnología, nos hemos vuelto a encontrar años después en internet. Así supe que Xinia había escrito y publicado varios libros de poesía y de relatos, y que tenía uno en imprenta para el cual me solicitaba un prólogo.

Después de un momento de duda, acepté como ella había aceptado años antes. Y me di a la placentera tarea de leer los poemas de Dormir con aguacero. Me dejé inundar por sus versos como por la lluvia de este trópico de altura, montañoso y umbrío, lejos de la claridad cegadora del mar. Me dejé arrullar por el título que evoca una experiencia tantas veces sentida y disfrutada por quienes vivimos en el trópico.

En ocasiones se ha dicho que la literatura costarricense ha ignorado inexplicablemente el tema de la lluvia. ¡Tan omnipresente es, tan cotidiana…! Como

los numerosos nombres que los pueblos de Alaska tienen para definir el blanco de la nieve, así existen en estas tierras variados nombres que definen con detalle los matices de la lluvia: tormenta, aguacero, baldazo, diluvio, temporal, chubascos, llovizna, pelo 'e gato, silampa, garúa…

Pero en este libro, el alma de la lluvia –así como el sentimiento amoroso– está presente y no sólo en el título, sino que se pasea entre los versos, multiplicando el simbolismo polifacético del agua: fuerza que vivifica, fertiliza y purifica. Agua que limpia y da paso a un nuevo nacimiento.

La voz poética de estos versos se identifica con la lluvia, la considera su aliada: para disolver el miedo y el cansancio,

Por esa lluvia que derrama sus reclamos
sobre tus hombros caídos, tras mi mirada esquiva,
por esas lágrimas que enredas con mi pelo,
disimulando entre los surcos de mi cara
los hilos fríos del agua atropellada,
por ese afán de cubrirte con las manos
la poca luz que de tu rostro emana,
es que llamo a la lluvia con mi llanto,
a compartir mis miedos, a curarme el cansancio".

Para recordar la edad dorada de la infancia, el paraíso perdido que se recuerda con la ternura de los diminutivos,

"Mis versos vienen del tiempo que se fue,
del cielo gris después del aguacero, la canción
inventada.
(...)
Mis versos llegan del cerrito, del agua fresca
saliendo del peñón,
del primer beso, del humito del tren,
el olor inigualable a pan caliente y tierra mojada (...)"

Para borrar el desamor y el desengaño; para hacer crecer la
esperanza,

(...)

"Y es que no puedo evitar reflejar en mi boca tu
recuerdo,
olvidar tu silencio, mi amor desperdiciado,
borrar la rabia de apostar a un juego que nunca
podría ganar

y dar vuelta a la página, decirte que te vayas, así como lle-

gaste.
Y a mí,
que me rescate el aguacero para volver a amar,
para vivir de nuevo."

Linda Berrón
San José, Costa Rica
Escrito un día de octubre–el mes más lluvioso del año–,de 2012

Dormir con aguacero

que te amo

PARA DORMIR CON AGUACERO

Se me antoja tu boca para un canto,
una palabra, un quejido,
tus manos para un verso,
una caricia, un acorde.

Se me ocurre tu voz para un mensaje,
un grito, una esperanza.

Se me antojan tus labios para un beso,
tus ojos para un sueño, un despertar,
una mirada,
tu risa para un día,
tu pecho para amarte,
para dormir con aguacero.

ME SIGUEN DANDO GANAS

Ahora que reinvento en tus acordes mis palabras,
te adivino ante el atril, buscando una canción
y vuelvo a reconciliarme con tus notas
tanto tiempo apagadas.
Me gusta imaginarte ensayando en las cuerdas
tus gritos, mis pasiones,
con tu rostro cansado asomando una arruga,
aniquilando malos hábitos, dando ritmo a mis letras
y tu voz ronca partiendo corazones me distrae.
Y me siguen dando ganas de armar párrafos, bordar sueños,
me siguen dando ganas de cantar con tu garganta,
de amar con tus poemas.
Me siguen dando ganas de encontrarte
y descubrirte un día tal cual yo te imagino.

DE MAÑANA

Me despertaron los pájaros y los gallos,
el canto de la madrugada,
llegó un olor a mis manos y apareció tu nombre,
me sorprendió el amor sin maquillaje.

Se abrió para nosotros la ciudad,
nos contempló la mañana y el puente,
el camino empedrado,
mirándonos a los ojos.

Cierro los míos y pregunto,
cómo sería mi vida si no te amara tanto.

DESPUÉS DEL TEMPORAL

Se desarma en pedazos tu silueta
y un rostro que no existe emerge en mi costado.
Dibujo con los dedos los rasgos de tu cara,
le doy forma a unas manos que acarician mi boca
invadiendo un espacio que una vez tuvo un nombre.
De repente tu imagen se anida en mis caderas,
derroches de palabras apuntan a mi espalda,
me arrebata el deseo, te enloquece la duda.
Intentas escapar, te apartas de mis brazos,
vuelves y te imaginas que no quieres perderme,
mientras voy convirtiendo tu rabia en mi poesía.
Regresas a mis sueños otra vez en silencio
y yo rozo tus labios con millones de besos,
hurgando en mis quejidos tus miedos, tus reproches.
Y el alba irrumpe entre el amor prohibido,
que quema, que atraviesa, desgarra y despedaza
mis plumas de ave en celo mojadas
después del temporal.

FANTASÍA

Te pienso y me desvelo
imaginando un beso,
revolviendo el deseo,
olvidando el reproche,
queriéndote de nuevo.
Te busco y sólo quiero
que recorras mi cuerpo con tu boca,
mi alma con tus versos,
que aprendas de memoria mis latidos.
Mi amor, mi gran amor,
mi fantasía, mi reloj sin tiempo,
mi cielo sin nubes.
Te miro y sólo anhelo
pedirte que no cambies
que así como tú eres
me conectas a un sueño,
navego entre poemas y canciones
ahogando en mil colores la mañana.
Mi amor, mi gran amor,
fuerte como un diamante.
frágil como una risa,
mi amor, mi fantasía.

PIERDO LA MEMORIA

Se pierde tu silencio en el ruido del trueno,
se aproxima la lluvia.
Cada gota martilla con ansia en el tejado
y resbala hasta alcanzar la tierra fresca
que estampa tus pisadas.
Te encuentro allí,
tendido entre la hierba inmóvil
y el agua arropando tu cabeza
formando colochitos en el pelo,
los pies desnudos sumergidos en el fango
soñándome en secreto.
Me acurruco en tu pecho y me susurras,
me cantas al oído,
te acaricio la frente, te beso, te prometo,
te digo que sin ti la lluvia es nada.
Y ahí, donde se confunden la rabia y la pasión,
yo pierdo la memoria.

A TI

Te tocó a ti mi amor desenfrenado,
mis locuras sin precio.
Te tocó a ti desahuciar mi pasado
y abarrotar mis ganas.
A ti te corresponde lo mejor que he creado,
el más grande deseo, mi pasión más buscada.
Sólo a ti te ha tocado lo que llevo por dentro
lo que ha nadie le he dado.

ESPERA

Aprendí a amar tu boca sin tenerla, tus ojos sin mirarlos,
   a adivinar tus quejidos al amar, tu silencio después de
amar,
tus locuras prohibidas, tus desganos,
tus minutos de miedo, tus momentos de duda.
Amé tus besos mudos, tus manos que no tocan,
tu pecho que palpita sin sentirme,
tus noches enredadas en otros mundos, en otros cuerpos.
Amé tus pasos sordos, tu alma en pena,
te amé sin preguntar, te quise sin pedir
y en ese amor sin cuerpo me perdí.
Pago a buen precio el desprecio de la espera.

USTED Y YO

Usted y yo hemos recorrido caminos desde vidas pasadas;
somos dos cuerpos transeúntes que se enlazan
en calles sin destino, en verdades sin tiempo.
Usted y yo conocemos secretos que existieron
desde un vientre olvidado.
Hemos besado el fondo de un dolor que nos une,
de un mar que nos separa.
Usted y yo somos uno, somos calma y delirio,
usted y yo dormimos en un sueño robado.

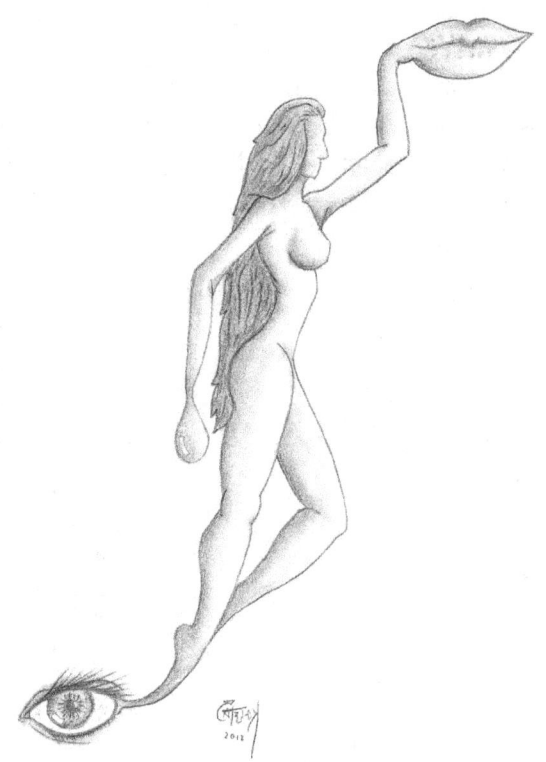

UNA CANCIÓN SIN NOMBRE

Te metiste en mí con ese suave amor
que inicia una tonada,
una canción sin nombre me adueña de tus besos
y dices que me amas y me atrevo a creerlo.
Voy tras de ti marcando el paso, recorriendo ciudades,
dejando atrás mi historia, escribiendo la tuya en un poema.
En esa melodía en que me esperas, que me robas el tiempo,
me reinvento en tu voz, me arrastras a tus cuerdas.
Y en un acorde me posees, me enamoras y me enredas
para tomarme en cada nota a manos llenas
anidando en los dedos mi amor y la guitarra.

LO QUE YO TENGO PARA DARTE

Lo que yo tengo que ofrecerte es un camino sin fin,
una mano vacía, extendida al infinito, un abrazo sin culpas,
una palabra sin voz.
Tengo para ofrecerte un alma en blanco,
un secreto a mil voces, un día sin nostalgia,
un beso sin reclamos.
Te ofrezco un despertar de cielos sin promesas,
de nubes con mil formas, de versos no pensados.
Y lo que tengo para darte es una almohada sin nombre
que espera tu regreso.

SIN PRECIO

Derramado el pudor en la alfombra vacía
no sintió la gotera que le enfriaba los huesos.
Dijo que no importaba si era el último chance
de revolcarse en besos y se olvidó del miedo.
Desató su locura con la luz encendida,
le arrancó mil quejidos, le arrebató un te quiero.
Se desnudó por dentro, se esclavizó por fuera,
le embriagó de sorpresas, se perdió entre sus dedos.
Temblaron las columnas, escaparon lamentos,
se dijeron mil nombres envueltos en deseo.
Amaneció despacio, sin nombres y sin precio.

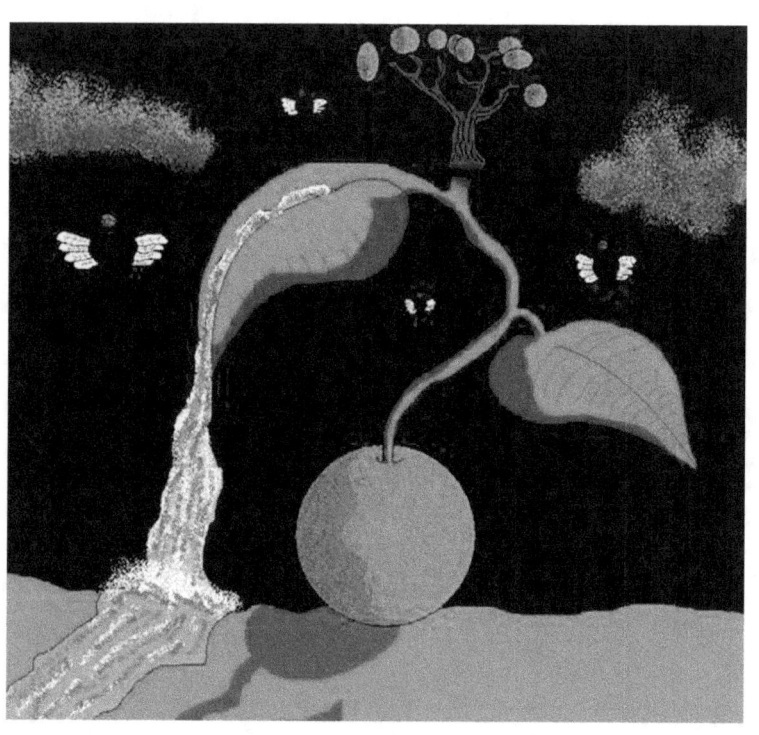

NOCHE

Noche atormentada por ausencias y culpas,
de rocíos alados, de lloviznas perdidas.
Noche que me separa de tu abrazo,
que golpea en las sienes tu nombre y tu retrato.
Noche que no sosiega el antojo de besos,
que desata mil nudos, noche que no descansa.
Noche que invoca un sueño, que sacude silencios.
Noche que no te encuentra, para seguir buscando.
Noche que no ha dormido, para que no me faltes.

QUÉ HAGO YO CON TANTO AMOR

Te dejé ir sin verte sonreír mil veces,
sin haber peinado tu cabello, secado tus lágrimas,
llorado en tus hombros.
Y ya no sé qué hacer con este amor que me destroza,
qué hacer sin tu palabra, tu reproche, tu sollozo,
si no te tengo cuando viene el nubarrón
y no te aviso que se asoma un temporal,
si no te digo que te cuides, que te abrigues,
que llegues temprano,
te dejé ir sin preguntarte si me amabas.
Y ahora, qué hago yo con tanto amor.

LLOVIZNA

Por trochas, trillos y picadas,
los pies descalzos, las manos enlazadas,
fueron dos y fueron uno.
Olvidando el tiempo y las promesas,
recogían gotas de rocío en una hoja de guarumo
hasta juntar un poco de agua que lanzaban a las caras
tostadas por el sol de marzo,
para luego cubrir sus rostros con la misma hoja
y esconder un beso.
Empezaron planeando travesuras, peleándose con musas,
desenredando el pelo el uno al otro,
jugando entre los charcos, inventando tonadas en el viento
Y el amor llegó con la llovizna, para quedarse
como se queda un verso.

EXTRAÑA SOLEDAD

Amaneció en tu silencio
volteando amarga claridad mi noche,
el perfil incrustado en tu silueta,
clamor lejano de la flauta sobria.
Libros, gritos, noche, lluvia cálida,
hurgando entre mi pasado,
luces, rostro marchito por las copas,
revolviendo sábanas y nostalgias.
Amaneció en tu silencio
fumándome las madrugadas,
entre tu olor y mis sueños
el sabor a café añejo
se me prendió de las sienes.
Amaneció en tu silencio,
extraña soledad, canta el otoño.

MI EQUIPAJE

Cargo sobre los hombros un saco de felicidad
que se parece a la culpa,
traigo tu amor en mi mochila
y pedazos de recuerdos en la bolsa.

Voy contando las flores amarillas
y pateando las piedras del camino,
tengo ilusiones colgadas en el pecho
y el coraje y la rabia bajo el brazo.

Llevo a cuestas pasiones apagadas
y el deseo prendido en las entrañas.

PARA QUE DUERMA TU DOLOR

Duerme, que la tristeza reposa entre los sueños
y el llanto se evapora en las tinieblas.
Cierra los ojos y apaga los quebrantos,
posa tu frente en el sosiego del olvido.

Deja que sane el alma rota en el silencio
y prepare un despertar sin desafíos.

Duerme tus dudas, desvelos y pesares
que el mañana siempre llega tras el sueño.
Duerme en la calma, en la penumbra, corazón,
duerme para que duerma tu dolor.

PORQUE TE AMO

Porque te amo te devuelvo promesas,
te entrego tus palabras adornadas con golpes,
te dejo con tus dudas, me alejo con mis faltas,
me voy con tus recuerdos.
Porque te amo atesoro en mi alma
tu mano en mi regazo a cambio del silencio,
me quedo con los gritos, me callo los deseos,
parto sin pedir nada.
Por tanto amor que llevo deshojaré las rosas
y sangrarán mis manos ausentes de caricias.
Porque te amo dejo tus besos a escondidas,
tu olor entre las sábanas, todo lo que me has dado.

PARA QUE EL AMOR NO MUERA

Voy a empacar tus sueños,
los recuerdos, tu poesía,
para no olvidarte.
Para que mi amor no muera,
empujaré en mi valija tus camisas,
tu colonia, el sexo atormentado,
las noches blancas, tus canciones,
los atardeceres de invierno acurrucada en tus brazos.
Para que tu amor se quede esconderé los llantos,
mis tristezas,
las madrugadas de insomnio,
la incertidumbre, el canto ahogado.
Voy a buscar mil lunas y a remover tus huellas,
a reinventar tu lucha, mi ambición,
el calor de tus brazos.
Y que siempre regreses
y que el amor no muera.

UNA NOTA EN EL SILENCIO

Te prometí mi último pensamiento.
Y, heme aquí, en posición de loto,
con "La voz del maestro" bajo las sábanas,
esforzándome por guardar el mejor de los recuerdos
y acurrucarlo en el rincón de mis secretos.
Te he buscado entre las caras anónimas
que deambulan por mi calle,
mientras la cinta da vueltas una y otra vez
y Silvio sigue soñando, ahora con aviones.
Mi espíritu está en calma,
olvidaste el encendedor
y te llevaste mi fuerza,
mi razón y mi circunstancia.
Descolgué de nuevo tu camisa
y había una sonrisa pasajera
en la punta de la percha.
Ayer imaginé tu llegada,
atravesaste el umbral
y te miré sin reproches.
Seguiré revolcando tu silencio
y, quizá, también hoy
pueda soñarte de nuevo.

VIRTUALIDADES

Un monitor herido asoma tu foto entre miles de preguntas,
un pensamiento sin palabras aflora
entre imágenes y letras que yo escojo
y decido atesorar y amarte sin tenerte,
adorarte sin verte como a dios.
Recorro por tu cara en la pantalla, cada línea,
una expresión apuñalada por el apuntador virtual asoma
y siento escalofríos.
Si me hiciste llorar, que ya no importa,
te traicionan tus dedos en el chat
y te vas alejando, escribiendo sin ganas, sin pasión
y así como llegaste, nos iremos sin nada,
pues para abandonarme no necesitas más
que un apretón del mouse, un click en la pantalla.
Y un día este teclado reclamará tu ausencia.

AMOR QUE DUELE

He repasado cada una de mis líneas,
el primer mensaje, aquel que escribí con ansiedad,
con miedo a equivocarme,
la primera canción, el primer te amo,
tus fotos y cada uno de los recuerdos.
He retrocedido en mis propios pasos,
reconstruido la primera vez que escribí tu nombre y
después cada una de las veces.
Y cómo sacarte de aquí si no existe nada
que pueda hacerte menos grande ante mis ojos.
He repasado cada minuto, cada lágrima,
descartado todos los pensamientos de flaqueza, de duda.
Y sigue quedando un amor que duele y que crece en el
dolor.

VESTIDA DE ABRAZO

Salí vestida de abrazo, Chanel a cuestas, sonrisa a medias,
a ver si te encontraba.
Caminé mil esquinas, recorrí tus lugares,
te busqué en muchas caras.
No te vi, pero ahí estabas,
desatando pasiones, mentiras y sostenes.
Volví con mis anhelos, los labios despintados,
la vergüenza y la duda
volando en estiletos.

MI AMOR YA NO TE ALCANZA

Cada noche es más larga sin tu risa,
más oscuros mis sueños sin tu canto.

¡Cómo quisiera no extrañarte
y dejarte ir en calma!
mas tus ojos ausentes me reclaman.

Y te busco en los días nublados,
las noches infinitas, las tardes de esperanza,
llamo tu nombre a gritos, me deshago entre lágrimas
y te sueño.

Y sigues sin estar,
mi amor ya no te alcanza.

ASÍ COMO LLEGASTE

Te dejé recorrer mis caminos,
caminar en secreto mis secretos.
Te dejé penetrar mis espacios,
presenciar mi amargura,
esculcar en mis miedos
y me quedé sin nada.
Y es que no puedo evitar reflejar en mi boca tu recuerdo,
olvidar tu silencio, mi amor desperdiciado,
borrar la rabia de apostar a un juego que nunca podría
ganar
y dar vuelta a la página,
decirte que te vayas, así como has venido.
Y a mí,
que me rescate el aguacero para volver a amar,
para vivir de nuevo.

ESTA HORA LOCA

En este instante me estarás buscando,
hurgando entre papeles,
inventando una flecha que guíe hasta mis pasos,
meditando entre sombras la forma de encontrarme.
A esta misma hora estaré tratando de olvidarte,
invocando a la lluvia
que calma mis quebrantos, que ahoga el desencanto.
En esta hora loca en que te echo de menos
hay una gota suave que cierra las heridas
y rompe los hechizos.

TE RECUERDO

Te recuerdo como un árbol añora el último fruto que cayó.
Sentados en un banco esperando a que pase el aguacero,
me pierdo en tu mirada.
Tibia, suave, lenta tu risa entrecortada calcula las palabras,
anticipa un adiós sin despedida,
presagia que estos son tiempos equivocados.
Tu culpa no lastima,
tus besos sin pasión se confunden con luces tenues
de una ciudad que ya te echa de menos
y el silbato de un tren que te asegura
que no se puede dañar lo que no se ha tenido.

NADA

Atesoro en mis notas los últimos minutos,
tu olor y tu perfume embriagando la casa.
Te observo desde lejos peinando tu cabello,
ordenando tu ropa, armando la maleta,
sonriéndole al espejo, bailando con el gato.
Te aseguras que todo parezca que no estabas,
la cama bien tendida, el armario vacío,
la toalla bien doblada.
Volteas alrededor por si te estoy mirando,
escoges la camisa, acomodas el cuello,
una vez más revisas, de ti no queda nada.

DUELE

Por qué me dueles tanto si yo ya lo sabía,
duele tu indiferencia, tus desaires
tu forma de evitarme.
Por qué me enredas entre el agua que palpita y no me deja
oír tus palabras.
Por qué tengo que adivinar lo que no sientes, cuando mientes, cuando evades
Por qué me deseas felicidad si no te importa mi dolor.
Por qué me atraes con tu canto si no me oyes, no me sientes,
no te tengo.
Por qué no me olvidas y te olvido sin reproches, sin silencios, sin mentiras.

AMOR DE OCASO

Por los días de olvido que no acaban,
por los labios que, abiertos, esperaban,
hoy que cargo soledades sin respuesta,
desencantos, heridas, malas noches,
te entrego mi secreto sin reparo.
Si en horas de nostalgia te extrañé
y dejé que calentaras otras sábanas,
si mis gritos se ahogaron sin reclamos,
faltaron las caricias, los deseos sobraron.
Por las lágrimas que no derramé,
por las cartas y versos que inventaba,
hoy que cargo soledades sin respuesta ,
yo te entrego mi amor tanto tiempo guardado.

LO QUE ME LLEVO

Me llevo las palabras del poeta
que desea que la noche me acurruque y me cuide,
el acorde del músico que reserva un palco en primera fila
para mí
y promete sonar no menos que perfecto.

Me llevo la mano del amigo, el abrazo del hermano.
Llevo olores y sabores que retarán al tiempo.
Y hasta el olvido del que me odió por nada.

Me voy con mil palabras en un saco y una foto firmada,
que escondo bajo el brazo.

TIEMPO

Tuve tiempo...
de repartir sonrisas, de saludar a extraños,
de compartir un plato.
Tuve tiempo para...
escuchar un consejo, acariciar al gato y caminar sin rumbo.
Hasta sobró un momento para pensar en alguien.

UNA HISTORIA

Volveré a escribir una historia de amor envuelta en aguas,
ahogada de pasión,
que arrastre a quien lo quiera y empuje a quien se niegue.

Una historia que envuelva fantasías, que despierte un deseo,
y rete mis instintos.

Volveré a desahogar mis aromas, impúdica, enamorada,
que si al abrir los ojos tropiece con un beso,
pueda gritar un nombre abrazada a una espalda.

Voy a incrustar de nuevo sobre un cuerpo estos labios,
que se escuche el gemido de mis placeres mudos,
mis preciados secretos
y transforme en cadenas la libertad de un sueño.

LLUVIA

¿Por qué la lluvia pisa fuerte la tierra
y desparrama a golpes el polvo derrotado?
Quizá es porque también sacude esa pereza
de buscar lo que no hallaste ayer,
lo que creí perdido.
Si no viniera el agua tormentosa a revolver los golpes,
las huellas no pisadas,
quizá sería yo misma quien buscara
despedazar palmo a palmo tus promesas,
los versos no cantados.
Y es que despierto al tintinear de las gotas
rozando la lámina oxidada,
hasta irrumpir en tu letargo, en mi paz forzada.
Por esa lluvia que derrama sus reclamos
sobre tus hombros caídos, tras mi mirada esquiva,
por esas lágrimas que enredas con mi pelo,
disimulando entre los surcos de mi cara
los hilos fríos del agua atropellada,
por ese afán de cubrirte con las manos
la poca luz que de tu rostro emana,
es que llamo a la lluvia con mi llanto,
a compartir mis miedos, a curarme el cansancio.

ALMA DE PIEDRA

Para cuando ya no estés voy construyendo
un alma de piedra,
un despertar de penumbra,
cobijando mi miedo en el olvido.

Para cuando ya no estés voy amasando
una incógnita en silencio,
despejando mi angustia con tu calma,
adivinando un vacío en la mañana.

Y cuando ya no te sienta habré inventado el sosiego
para mi espíritu inquieto.

Buscaré tu regazo entre las rocas
y empezaré a soñarte
en el mundo en el que ya no te encuentres.

UN PASEO LEJANO

Mis versos vienen del tiempo que se fue,
del cielo gris después del aguacero, la canción inventada.
Vienen de aquellos pasitos entrecortados en la hierba tibia
y la muñeca de trapo con un nombre tonto.
Mis versos vienen de un paseo lejano,
con los pies descalzos en el polvo húmedo,
adivinando los primeros goterones que adelantaban al
trueno,
la muñeca bajo el brazo, protegiéndose del agua
y la chiquilla que tartamudeaba.
Mis versos llegan de pensamientos que fluyen
más rápido que las palabras, más que la misma lluvia.
Vienen de un tiempo que pasó,
de la ropa tendida en el alambre de púas, la paja de agua,
las noches de aguadulce y los cuentos de miedo,
 mi madre altiva, mi padre alegre,
mi primera poesía y la peseta que gané al recitarla.
Mis versos llegan del cerrito, del agua fresca saliendo del
peñón,
del primer beso, el humito del tren,
el olor inigualable a pan caliente y tierra mojada,
la vaca que pateaba al ordeñarla,
 la inocencia que murió después del aguacero.

ÍNDICE

Dormir con aguacero, de Xinia M. Estrada,
se terminó de imprimir en marzo de 2013
en los Estados Unidos de América.

Obsidiana Press
www.obsidianapress.net

e-mail:
obsidianapress@aol.com